I'm Fine!

清爽活出真實自己的七個步驟

Ryuho Okawa
大川隆法

台灣幸福科學出版有限公司

前言

延續著《Coffee Break》、《Tea Time》（幸福科學出版發行），今年再度出版了《I'm Fine!》。

雖然由作者自己說會感覺有些不好意思，但本書的內容可是寶山啊！

從小學生或者是已屆百歲的老先生、老太太，抑或是上班族、家庭主婦、公司老闆，希望這些人都能夠讀一讀這本書。

市面上勵志類型的書籍，大多源自於歐美的思想。然而，本書以世界規模，簡潔地敘述了超越宗派、民族，現代人需要知道的想法。

如果學校能夠以這本書作為「公民與道德」的副教材，霸凌、暴力、犯罪、自殺等事件的數量將會銳減。學生的性格會變得溫和，學習能力也會提升。

此外，這本書對於企業的員工訓練，亦能發揮超群的效果。員工的憂鬱症將會痊癒，公司當中也會充滿幹勁。每一個人不論是在何時，皆能面帶微笑地說出：「我很好！」

二〇〇八年　四月

幸福科學集團創立者兼總裁　大川隆法

STEP 5 有影響力的人須留意之事

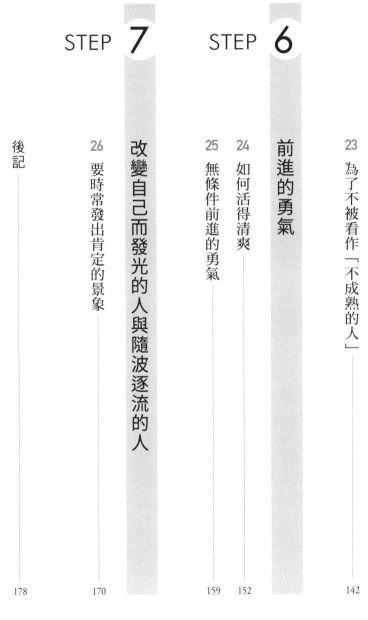

STEP 1

更簡單、更清爽

1 去除心中的蜘蛛網

如果各位的頭腦，
因各種想法而變得過於複雜時，
請試著將腦中的千頭萬緒暫時切斷。

雜亂紛繁的事情，
對待它們要像掃除蜘蛛網一樣，
用掃帚「刷」地一下清除乾淨。

而且，
希望大家能夠瞭解，
「單純開朗的生活即是出發點。」

為了活出光明的人生，
必須要試著
每天心中不要有惦掛。

希望各位想像一下，
在春天的陽光裡，
有一條不算很深、僅二、三十公分寬的小溪。
陽光照耀在那緩緩的水流上，
清澈的水底，金光熠熠，
小溪映襯著緩緩的水紋，
彷彿帶著歡笑，一路前進的樣子。
就像那小溪的流水清澈見底一樣，
各位的人生態度也必須是透明清爽的。

所謂透明清爽，
就是不要將事物考慮得過於複雜，
就是單純、樸實的人生態度。

不要猜忌他人，
不要疑慮重重，
不要活在深深的自卑感，
或者感傷悲苦的情緒當中，
應該要開朗、樸實、單純。
即使你遭遇了背叛、遇見了騙子，
也要泰然自若地說：「那點小事，何足掛齒。」

就像小孩子睡了一覺之後，
什麼都忘了一樣，
你也可以過如此沒有罣礙的清爽生活。
把積在心中的重擔、磚頭拆除吧！
讓心中的空氣保持流通吧！

1 要有「心無罣礙」的人生態度！

STEP 2

即使失敗了
也不要厭惡自己

2 缺點或弱點會變成「幸福的種子」

能夠意識到自己有什麼缺點或者弱點的人，或許在某種意義上可以說是幸福的。

有句話說：「一病息災。」有時候身體某個部位不好的人，往往比較注意身體保健，壽命反而很長，然而那些通宵熬夜也毫不在乎的人，反而比較危險。

隨著年齡增長，到了三十、四十、甚至五十歲時，還能意識到自己的缺點或者弱點的人，比較少會勉強自己，如此便還有成長的空間。

各位或多或少都會有一些煩惱的種子，但也可以把這些視為激勵自己、培養自己的種子。

譬如，有人即使到了六十歲或者七十歲，仍然還抱持著自卑感，認為「自己學得不夠」、「自己的能力很低」、「自己考慮得不夠周到……」等等，像這樣的人其實應該說是很優秀的。

如果認為目前自己某些地方還有所不足，那就代表這些地方還有成長的空間。

隨著認識和經歷了各式各樣的事情，就越能留心到：「如何在矛盾的裡面，發現下一次成功或發展的種子。」

年輕人有充沛的體力，感性非常優越，但是知識和經驗不足是其弱點。

然而，上了年紀之後，身體會變得越來越弱，感性也漸漸遲鈍起來。開始不拘小節，有時候會變得麻木，年輕人特有的體力和感性特徵逐漸消退，取而代之的是知識和經驗的增加。

也就是說，上了年紀之後，人的特質將有所改變。

一般來說，目前最能用得上的能力之相反面，將來就會成為勉勵自己、培養自己的要素。

成功的關鍵通常都是善於運用自己的長處、優點，然而要想取得進一步成功的祕訣，絕大多數卻存在於與優點相反的地方。

各位必須要瞭解到，在優點的相反之處，隱藏著開闢自己未來的種子。

3 贏得最終勝利的人生態度

總是和他人相比，最終你是無法勝利的。

在這相對的比較當中，如果總是和他人攀比，最後是不可能成為勝利者的。

應該是和自己相比，「自己在出生的時候，頭腦僅是如此這般程度，但是經過了努力，卻已達到現在的水準。」各位應該著眼於自己的進步率。

在這種與自己本身的比較當中，任誰都有可能得勝。

任誰都可以說：「和自己剛出生那時的頭腦，或者小學、國中、高中時代的頭腦相比，已進步了很多。」在與自己的戰鬥中，絕對是能夠取勝的。

如果只是與他人戰鬥的話，想要取得最終的勝利，可以說相當不易。

即便看起來取得最終勝利的人，之後又是怎麼樣呢？從結局來看，此人往往並沒有取得人生的最終勝利。

希望各位能夠清楚認識到：「在與他人的競爭中，並沒有所謂的最終勝利者。」

真正的戰鬥，追根究柢還是在於和自己的競爭。

2 「煩惱的種子」，亦是「培養自己的種子」。

3　生命最終的戰鬥——與自己的戰鬥。

4 是否有著「不動心」？

佛教自古強調：「不動心是非常重要的。」

為什麼會有如此一說呢？因為人生的大部分痛苦或者迷惘，乃起因於內心的搖擺不定。

「如何才能培養一顆不動搖的心呢？」這曾是佛教修行者的一大難題。

擁有「不動心」的人，心境非常平靜，也很堅強，值得信賴。

擁有「不管遇到何種困難都能戰勝」的心態，或堅定不移之信念的人，才會具備領導者的器量。

領導者之所以能成為領導者，其原因就在於他們具有一種遇到風波也不動搖、遇到困難仍敢於逆流而上的魄力。究其根源，就在於不動心。

雖然人們總說對自己有信心，但是因為犯錯被人指責，或者因為某種挫折，自信心就會土崩瓦解的人，其實占了大多數。對於這些人來說，重要的是能夠掌握真正的不動心。

為了領悟真正的不動心，「佛子的自覺」是必不可少的。缺少這種自覺，即使說有了不動心，也是很淺薄的。

心之所以不動搖，那是因為自覺到：「心的根源部分是與佛相連的。」

如果沒有察覺到這一點，人生就會像漂浮在波浪間的樹葉一樣，搖擺不定。

如果沒有這種自覺，遇到風波的時候，進而認為「自己已遭受命運的擺弄！就像漂浮在命運大河中的一片樹葉」的話，那就很不好了。

這種邏輯很容易演變為「他人或者環境在傷害自己」、「悲劇性的未來在等待自己」等等悲觀的想法。

要選擇這種自我暗示的不幸人生？還是選擇積極進取的人生？這完全取決於個人的「一念」之間。

5 不屈不撓的雪人型人生觀

每天都會有大大小小的事情發生在我們生活四周，有些事是幸運的種子，或是似乎會成為幸運的種子，有些事也會變成煩惱的種子，或是擔心的種子。其實這就是現實的世界。

那些能夠從中取得教訓、尋得成功種子的人，不管發生什麼事情，每次都能像滾雪人一樣，每滾一次體積就會變大一點。

在滾雪人的時候，即便偶有石頭、土塊摻雜其中，雪人還是會越滾越大，況且，在不斷地翻滾的過程中，還是可以滾上潔白的新雪，雪人依然會越變越大。

這種雪人型的人生觀，能讓我們的能力增加二倍、三倍，請不要太執著於那些小石頭、或是泥塊，只要牢牢地記住，每翻滾一次都能讓自己的能力倍增。

將一生中所遭遇到的任何事物，全部當成自己的人生之師，這種態度是很重要的。當碰到了那些自己也無法認同的人，就要仔細地研究他是哪一點做不好？

人生中所碰到的任何人，都可能成為自己的老師、效法的對象，時時抱持著這種觀念的人，在與人相處之際就會擁有非常多的優勢。

6「現在的你」就不錯

如果想要和他人互換人生，最後必然會產生痛苦。

當有這種想法時，應該轉向思考：「適才適所，自己應該要做符合自己能力的工作。藉由努力從事符合自己能力的工作，自己的人生才能幸福，對他人來說也能幸福。」

木匠的工具有很多種，例如鋸子、鑿子和刨刀等等，每一種工具都有各自的用途。

請各位可以試著去省思，今生今世到底是為了什麼而轉生到這個世上。

如此便能明白：「自己或許是具有某種使命的人吧！」重要的是，在那最符合天命的工作中，盡情地發光發熱。因此，不能拿別人的人生來替換自己的人生。

每個人皆有一個「靈魂兄弟姊妹」的小組，其中每個人都會依序輪流轉生到世間，累積人生經驗。之後返回靈魂世界後，就會與其他的靈魂兄弟姊妹共同分享在世間的經驗。

這就像是五根手指頭和手掌一樣。拇指、食指、中指……雖然各不相同，但整體卻是一隻手。手掌是靈魂兄弟姊妹的本體，短而粗的拇指、稍微長一點的中指、可愛的小指等等，這些都是靈魂兄弟姊妹。

就像在抓東西時，是用一整隻手去抓，靈魂兄弟也是以整體在積累著經驗。一邊進行靈魂的轉生輪迴，一邊累積著各式各樣的人生經驗。

人的性別、年齡、頭腦好壞、身體大小……等等，與他人的不同之處有很多。性格也分外向和內向，工作也有適合和不適合……等等，不一而足。然而，正是因為有了這些，才能區分每一個人的個性。

如果你能肯定他人的存在，那也一定要肯定自己本身的存在。佛一定會寬容地說：「現在的你就不錯！你不用過他人的人生，擁有這個名字的你就很好。」因為你已經得到了在今生進行靈魂修行的許可，所以你只要掌握好你自己的人生態度就好了。

在現在所擁有的一切中，盡可能地活出最好的人生態度。

7 即使不完美也要接納自己

「人是佛子、神子」的想法當然很重要，但是另一方面，也要在某種程度上承認人類是不完美的生物。既然活於世間，那就難免會因為持有肉體而有著不完美。

人在世間當中，在靈性上不可能維持完美。因為在這世間當中，必須要克服眾多的抵抗，只能活於不完美當中。因此，會遇到失敗和挫折，也正因如此，才需要反省和學習。

並且，其他人也同樣經歷著失敗和挫折，之後又重新振作，為獲得更加美好的人生而奮鬥。

重要的是並不是度過完美無瑕的人生，而是力求人生變得更加美好，各位必須要自己這樣告訴自己。

有人一聽到：「不完美地活著也行，不圓滿也可以。」馬上就會幼稚地認為：「原來工作可以不求完美！」

於是，此人從第二天開始，就在職場當中實踐，其結果可想而知，肯定會受到上司斥責。

為了避免這樣的事情發生，我要強調，我並不是勸大家在學習和工作上馬馬虎虎。

只不過，如果有人在靈性上對自己過於自責，以至於夜不能寐、痛苦不堪，我想奉勸他們：「不要過於追求完美的自己。」「百分之八十主義」也可以，總之只要盡力就行。

雖然各位都以佛神為目標，提升自己的靈性，但人畢竟不是佛神。

既然活在世間，就不得不每天重複失敗，在痛苦中掙扎。因此，應該以力求更加美好地活著為目標。

各位必須知道：「人是佛子的同時，也是活在這個世上的不完美、不高明的生物。」

請務必認識到這個並不高明的自己。

4 心的根源部分
是與佛相連的。

5 每次滾動雪球
都會變得越來越大。

6 在最符合天命的工作中，
盡情地發光發熱。

7 不是度過完美無瑕的人生，而是力求人生更加美好。

STEP 3

如何建立
不易崩潰的自信

8 你是否正「喜歡著不幸」？

煩惱的時候，你的心一定被分成了兩片或三片以上，心亂如麻。此時，請試著自問自答：「採取哪種思考方法對自己有利？」如此一來，答案自然會湧現。

就拿資格考試來比喻，既然是考試，所以就會出現考得上和考不上的人。然而，有的人雖然考上了，卻因為分數比預期的差而大發雷霆。這聽上去雖然可笑，不過的確真有其事。好比說，及格分數是七十分，某人考了七十一分及格了。可是就自己的面子而言，至少要有九十分才行，所以雖然及格了，卻大發雷霆。

雖說七十一分已經及格，各人想法卻不同。有人認為：「以這麼差的成績及格，真是丟臉。」也有人在想：「沒怎麼用功，卻通過了考試，一定是佛在保佑著我，佛真的是愛著我。」如此這般，思考方法因人而異。

也有人常常將煩惱合理化，這也可以說是人的一種慣性，實際上各位會去合理化各式各樣的煩惱。有人甚至會想：「耶穌都吃過苦、受過罪，我這點痛苦自然是理所應當。」因此將自己的痛苦合理化。

此外，有些人不僅僅是將煩惱合理化，更是將它正當化。

因此，重要的是去思考：「哪種想法對自己有利？自己到底想要什麼？」

對於捨棄幸福選擇不幸的人，誰也無可奈何。因為即使給予忠告，此人對於這個忠告也總往壞的方向曲解，令人莫可奈何。

即使佛想要拯救，但唯獨自甘墮落的人，是毫無辦法的。因為這已屬於自由意志的問題，自己選擇不幸的人，旁人是無法施以援手的。

總之，重要的是，自己必須要選擇一條幸福之路去走。

9 你的心中有著改變人生的力量

一切事物皆有起因，與原因相應的結果必會出現。

因此，認識到「播下什麼樣的善因，之後如何加以培養、回收果實」的想法，就特別重要。

我曾講述過一種思考方式，叫做「爆炸性思考」，這種思考方式就是教人在心裡播下含有爆發力的種子。

看看世間人們，許多人的生活過得太小心謹慎，有點令人匪夷所思。到處都充斥著尋求些微的救濟、依賴些微資助的人。

然而，我想說的是，像舊宗教中的「他力思想」那樣，「只要唱題就能得救」、「只要唸阿彌陀佛的名字就能得救」的時代，或許早已過去了。

我認為，拯救萬人的關鍵，不在於倚靠馬上生效、單一模式的「憑某種靈驗」，而是必須要讓潛藏於每個人內心深處偉大的思想、思考力，萌芽成長才行。

對於尚未充分瞭解心念力量的人，會認為這種說法「只不過是文字措辭」、「僅是誑騙」、「是哄騙」。

進而，人們捨棄那些根本性的思考方法，只追逐眼前的利益和現象。「做這個，肯定能賺錢」、「拜那個，疾病一定會治癒」……等等，人有一種容易被眼前利益所蒙蔽的傾向。

雖然有時候人有著容易被近利迷惑的懦弱性格，但正是這樣的人才需要讓他堅強起來。

藉由變得堅強，因而可以解決的煩惱，真是不勝枚舉。不，應該說：「人變堅強之後，沒有一個煩惱是無法解決的。」這麼說一點都不為過。

譬如，一塊糖就可能使哭哭啼啼的孩子笑顏逐開，一句讚美的話語也可能令人勇氣倍增，被路過的陌生人撫摸一下頭頂，也許可以讓人精神煥發、重上疆場。

佛與人之間的關係，也是如此。

人們時常會因挫折而煩惱、因失意而消沉、因自卑而悶悶不樂，然而當聽到佛的話語，並將這些金玉良言銘記在心、重新振作之時，將會變得堅強、開朗、積極向上，如同重生了一般。

我所說的話語，請各位不要僅僅把它看做是文字而已，希望各位能去切身體驗一番。對此，我深切地希望各位能做到。

我多次重複述說的教義，其實就是這樣的思想：「心才是一切的起點。心改變，人生就會改變。」

這是真真切切的事實，幸與不幸都是自己的心所造成的。不，更明確地說，幸或不幸取決於「你在心裡播下了什麼樣的種子」。

8 重要的是，自己必須要選擇一條幸福之路去走。

9 幸或不幸都是自己的心所造成的。

10 如何做才能建立自信？

自信並非指過於有信心或驕傲自滿，而是指「認為自己並非毫無價值」，是一種難以言喻的自信。

當沉浸於痛苦和悲傷之中時，人常常會陷於自我否定的情緒，悶悶不樂地想著：「自己是怎樣的壞人、罪人。」

然而，我認為應該要用更加通情達理的眼光來看待自己，這一點很重要。

當回首迄今幾十年的人生時，總會發現許多「那一點做得不好」、「這個地方做得不怎麼樣」的事情吧！但是，有時候也會覺得「自己並非一點價值都沒有」。

那也就是一種「自己也得佛神眷顧」的心情，亦是一種「自己也曾對他人有點作用」的自信。

所謂的自信，是由小小的自信逐漸積累起來的。

每天一點點，透過各式各樣的事情來自我確認，發現自己是有益於他人的，這點很重要。如果沒有這種積累，就不會產生真正的自信。

浮在水面的水鳥，其羽毛表面有油脂，可以防止水的滲透，自信就相當於水鳥羽毛的油脂部分。

換句話說，這層油脂就是為了不管遇到什麼樣的不幸，都不讓其傷到自己心靈深處而存在的。

追根究柢，重要的是「從根本上相信佛」。

「既然是佛創造了這個世界，那麼那些看起來悲傷的事情，也一定有它的作用和意義。佛絕對不會想要徹底地傷害自己。」

「骨肉的逝去，不是讓我變得更堅強了嗎？」

「朋友的叛離，不是讓我結識了更加優秀的人嗎？」

「雖說和戀人分手了，但終究不是讓我遇到了更適合自己的人嗎？」

應該要如此思考問題。

重要的是，在逝去的時光裡，要一邊珍惜自己，一邊蓄積力量。莫焦急、消沉，而是要不斷磨練自己。

這個時候，最關鍵的就是「對佛的信仰」和「對佛的愛」。

當陷入煩惱的漩渦時，請想想：「自己對佛有愛嗎？」大部分的人都已經成為自愛的俘虜吧！

覺得「自己真可憐」，明明已經拚命地想博得他人的同情，但是誰也不同情自己，這一點就是問題所在。

就在這樣的時候，請挺直腰桿，仰望一下天空。

陷入苦惱漩渦之中的人，大多已成為惡靈的俘虜，蹲在地上背對著太陽，盡是盯著自己小小的陰影。若一直這樣，不管過多久，都是見不到陽光的。

要馬上站起來，面向太陽，挺直腰桿，大大地張開雙手，這就是「對佛陀的愛」。

不要只盯著渺小的自己，回頭向佛，懷著感謝的心情。

試著想一想：「自己被賜予過多大的愛呢？即使目前看起來很不幸，但在時間的長河裡，那根本算不了什麼，倒是這些不幸豈不是已成了自己更加向上的食糧嗎？」

不管遇到什麼樣的考驗，人們只要不忘從中學習教訓的話，就一定會變得更加優秀。

11 讚美自己的訣竅

有時，需要隨身準備一本「自我讚美筆記本」。回顧自己的過去，從出生開始，自己有哪些地方曾被人稱讚過？

這樣一來，一定會想起被人誇獎過的地方，進而就不會老是有被害妄想，總是覺得自己老是被人罵。不管什麼樣的人，肯定都有好的一面，有值得稱讚的地方。然而，人們對於曾被讚賞的事，常會馬上忘掉，被人斥責的事情，卻難以忘懷。

回想一下自己的往事，試著寫出自己好的一面。如此一來，肯定就會明白：「原來自己在別的方面好像還有長處。」對此，不做是不會明白的，做了就會有出人意料之外的結果。

譬如，有人總認為自己沒有女人緣而悶悶不樂，但仔細想想，卻發現在男性當中，自己的評價還不錯。從男性角度來說，有女人緣的男性是令人生厭的，常常是說壞話的對象。與此相比，對於沒有女人緣的人，卻可以有安心感。從能夠讓其他男性安心的角度來看，有時也算是一種優點。

因此，即便沒辦法和女性建立良好的人際關係，卻可以和男性交好，亦可以和男性一起工作、一同娛樂。於是，如果在這方面持續磨練自己，在不知不覺中，女性就會發現在男性當中的你的優點，進而就會認為：「在同性之間受到好評的男性，一定很出色！」因而漸漸地得到他人注目。

首先，試著讓自己的心往更理想的境界提升吧！

之後，觀察自己在哪些地方做得不對，又有哪些地方是做得很好、得人評價的。如果找到了這得人好評的部分，就可以此為基準，去對照做得不對的地方，如此一來，就能夠明白往後應該要怎麼做。

然而，對於沒有基準可以對照的人來說，就會完全不明白「自己該怎麼做才好」。

這樣的人雖然進行反省很重要，但是首先必須要先提升足以讓自己增加自信的部分。

12

工作上提不起精神的原因

「忙完一天的工作後，第二天能否在職場上繼續奮戰？」「能否維持好的工作品質？」這與體力有很大的關係。

當然，工作能力和體力兩方面都需要，但是要將工作做好，沒有體力是不行的。

此外，如果沒有體力，對於事物的判斷就會變得悲觀起來。在人際關係方面，也會變得悲觀，總是朝壞的地方思考，在工作方面也會把前景看得很暗淡。

如果有體力的話，便會對前景充滿希望，在人際關係上也會覺得能夠改善，對於工作方面也會認為前景一定順利。

在工作上感覺痛苦的人，或許是因為體力出現了問題。如果是這樣，就必須從這一方面進行改善。

10 認定自己
並非毫無價值。

11 準備一本自我讚美筆記本。

12 沒有體力的話，對事物的判斷會變得悲觀。

STEP 4

做一個
不屈不撓的人

13 煩惱當中隱藏著人生的意義

人類為了做永遠的靈魂修行，會不斷重複於世間轉生，當能夠從這個角度來看待磨練時，這個磨練的意義就不同了。當能夠以轉生輪迴或永恆的生命為基礎去思考時，眼前的事必會得出完全不同的結論。

特別是當你面臨煩惱時，這就說明你在面對「人生習題集」中的一個課題。

要試想：「現在面臨的靈魂修行有著重要意義，這可有趣了，真令人振奮。」

拳擊手在登上擂台之前，或許會披著毛巾對假想敵做揮拳練習，但是，只有練習是不行的。比賽開始之時，終究要放下毛巾，在裁判呼喚後必須登上擂台。這時即使想去廁所也不行了，這已是非迎戰不可的時刻了。

經過一個月、兩個月或者半年的練習，終於登上擂台了。各位正是為此才轉生而來，不，比這次轉生更重要的是，在轉生之前，各位經過了幾十年或幾百年，在實在界某處修行，並下決心：「請看著吧，這一次會出色地完成修行。」

因此，光看這助跑期，至少也花了幾百年，或許花了更長的時間。積累了這麼長的賽前練習，才得以在錦標賽中上場。

對手如果是人的話，在被擊中後會感到疼痛，但實際上並非如此。在各位面前看似問題的東西，只不過是海市蜃樓。這些以問題的形式、煩惱的形式所呈現的，終究是各位本身的「業」而已。

在擂台上與之決鬥的不是他人，正是自身的「業」。所以，
不將其擊下擂台是不行的，這就是今世的使命。

如果在這時，還在擂台上說自己頭腦不好、環境不好，或是父母不好、兄弟不好或者貧窮等等的話，那就相當於雙方走上擂台，四拳相碰、四目相視的時候說：「我沒有怎麼練習，腿還僵硬著呢，從昨天起腰就很疼……」對如此辯解的人，僅有一句話可說：「你在胡扯些什麼？」然後狠狠一拳將其打倒在地。

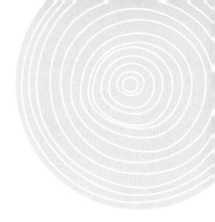

上了擂台後，還去暴露自己的弱點是不行的。必須牢記，在與自己的「業」進行決鬥之時，切不可暴露自己的弱點，如果有不利的條件也不可說出。不說出來，是不讓對手知道自己的弱點，即使體重只有六十三公斤，也要像有七十二公斤的氣勢挺起胸膛。反過來，要使對方感到與自己有著九公斤的差別，有可能會被自己給打倒，要在所有方面都往好處想才行。

14

當工作上感到「再也挺不住」時，怎麼辦？

佛不會給予此人無法負擔的問題，佛不會讓人承受那種重擔，從古至今都是如此。

即便當事人認為是難以負擔的難題，但從佛的角度來看，卻是此人剛好可以承擔的問題。

我舉一個背負著行李行走的人為例。

原本此人可以背負更重的行李，但他避開了沉重的行李，選擇了較輕的行李。

然而，有一天他不得不再背負另一個行李，他心想：「再加一個上來的話，就垮了。」但當行李放上去之後，卻發現到自己並未因此而倒下。

當他繼續往前走時，又有另一個行李放到他的肩上，他原本以為這次肯定是撐不住了，但依舊沒有倒下。

最後，這個人發現到原本以為自己無法承受重擔，事實卻不是如此，只是當時的自己出現了怠惰之心罷了。

在工作上也是如此。當人們為了工作量增加而感到煩惱時，看在佛的眼裡卻是：「這點工作量算什麼？你一定還可以的。」

因此，當自己覺得快要不行的時候，心裡面請想著：「這些工作是佛對我的期待，我一定能夠克服、解決這問題。」

過去那些自己認為難以解決的問題，會隨著自己的成長，變得微不足道，根本不需要煩惱。

譬如，一間急速發展的公司的職員會認為：「公司這樣發展下去，自己似乎快無法適應這種速度，快要跟不上了。」

然而，當此人透過努力，完成了比過去還要多的工作量的時候，他就會感覺到，當時的想法真是太天真了，只是自己讓自己陷入不安、慌張的情緒當中罷了。

所以有不少情況，是當事人陷入了「自己正面臨著大問題」的幻想之中。

因此當狀況來臨時，不妨想想，即便現在的自己無法解決眼前的問題，但一年後的自己應該就能夠解決。如果將一年後的自己搬到現在，這問題應該如何面對呢？當做如此假想時，或許答案就會出來了。

換句話說，就是請各位假想一下自己未來的樣子、成長之姿，並且將這影像拉到現在，如此一來，你的力量就會變得更大了，請試著實踐一下。

有很多時候，當我們的心思都投入於解決難題當中，回過神來後才察覺到問題已經解決。現在雖然會對自己能解決如此難題感到不可思議，但過了不久，自己能解決這類問題，都變得理所當然了。

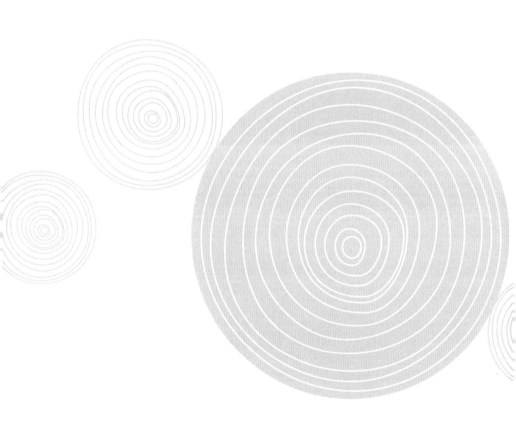

13 那些看似問題的事，實際上只不過是自己本身的「業」。

14 佛不會給予人無法承擔的難題。

15

短跑跑不贏，那就以長跑取勝

人所遭受的挫折，多數是短暫的。人們無比辛酸、痛苦和不幸的時候，終究是短期的。

在短短一、兩年間，如果未能如意的話，這時請務必要調整自己的想法。

在短期內如果未能取得勝利，代表著什麼呢？這或許是說你沒有短跑的素質，在一百公尺的賽跑中，不可能獲得冠軍。但是，這並不代表你不能成為優秀的跑者。

徑賽當中既有八百公尺、一千五百公尺的賽跑，也有四十二點一九五公里的馬拉松。自己短跑不行的話，如果跑長跑可能會有不一樣的成績，要時常有這種想法。

我自己跑步不算快，可是，高中時期曾參加過一次校內馬拉松比賽，獲得不錯的成績。透過這種馬拉松的體驗，使我明白體力分配的重要性。

那時，我先選了一組實力大抵相當的集團一起跑，跑著跑著就覺得狀況還不錯，身體逐漸發熱，覺得也許還能跑得再快一些，於是便從中途加快速度，也不知為什麼，自己覺得雙腿似乎變長，最後甚至超越了短跑比我跑得快很多的人。

善於短跑而肌肉發達的人，如沒分配好體力的話，跑得太快容易在中途疲乏，喘不過氣想要休息。

這時，我就從後頭追趕上來，對方想再次甩掉我而拚命地跑，可是，不知何時他又落到了後面。當時我感覺到很不可思議，竟然還會有這種事？

因此，做好適當的體力分配，客觀地分析自己，從整體上看應該在哪個部分努力，才能達到整體的好結果。我認為各位可以在這方面多下功夫。

16 人生真的就只有「一條路」嗎？

當遭遇煩惱之際，思索人生的多元化也很重要，這絕非是一種困難的思考方法。

不管是職業棒球，或者是高中棒球，每個球隊當中都會準備幾名投手，先發、替補和終結投手，各司其職。透過事先準備好幾個替換投手，不管比賽呈現何種局面，都能夠予以應付。

做好相應的準備，換言之做好多元化的準備是很重要的。

對於自己的人生，好比說：「當先發投手遭到對方連續安打時，該怎麼辦？」對此應先設想。「屆時，可以採取這種辦法，或者是另一種辦法。」事先做足準備，並且磨練其技能。

雖然先發投手從頭投到尾，取得完封勝利是理想中的事，但通常很難如願以償。在現實當中，必須承認這一點。

這就好比各位都想獲得成功，但其結果並非每個人都能獲得成功一樣，因為各位會在各個部分發生碰撞。

為此，就必須事先想好對策。

挫折的主要原因之一，常常在於「自己只有一個目標」。有

人會想：「唯有這一條路」或「只有這條路可選」，但是這樣的想法，一不小心常常會變成一種執著。因而在失敗的時候，遭受

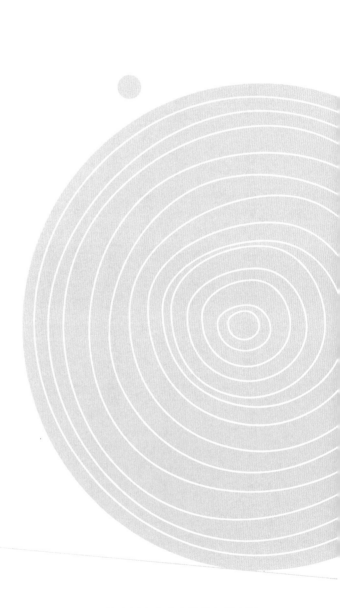

到很大的挫折。

這種思考方式，和自己在人生初期，就限定自己要成為某種專家或行家的想法一樣。

這不禁會讓人覺得，此人是不是忘了自己其實還有著更大的可能性？

因此，當我們面對困難、著手解決困難的同時，重要的是在其他方面也要不斷開闢新路，不斷地開拓其他的可能性。

這亦是一個很有效的方法論。

17 從低潮當中走出來的方法

到底要怎麼做，才能從痛苦的低潮當中逃離出來呢？

許多人是為了實現自己偉大的理想，而轉生於世間。「有著想要讓自己更加發展的心願，但現在陷入了苦境之中。」現在以上述情形為前提，試著思索一下如何從低潮當中逃離出來的方法。

第一個，希望各位能夠認識到：「切勿忘記自己的內部埋藏著無限的能量。」

人類的靈魂構造呈洋蔥狀，這個洋蔥構造的中心位置有著與大宇宙相通的部分，那會給各位帶來無限光明。

這無限的光明，實際上可以說有著與佛相同的力量和屬性。所謂與佛相同的屬性，即是說那光明充滿了智慧、正義、勇氣、慈悲、愛、協調，並且能夠帶來無限的繁榮。

因此，當你陷入困境時，首先必須知道「本來的自己，究竟是什麼？」當你發現「本來的自己，是擁有無限力量的人」時，那就會成為你引發無限力量的原動力。

可以說各位的心底都蓋上了一面蓋子，其實各位擁有無限大的力量，就像那溫泉的泉水一樣，不停地湧出再湧出。然而，不知從何時起，由於人類愚蠢的想法，自己把它給封住了，這就是現狀。

第二個，希望各位能夠認識到：「要學會累積力量。」

低潮的時期，即意味著「能量釋放過度，內部缺乏能量」，因此在這期間好好地努力儲存能量。

「煩惱時就要好好學習」，我常常這樣告誡自己。

在漫長的人生當中，沒有人是不煩惱的。因此，在低潮的時期，要致力於自我充電，可以說這是明智之舉。

低潮時期終究會過去，在此之前，重要的是要盡可能地努力儲蓄能量。

第三，則是在這個時候，試著考慮他人的幸福。

低潮期間，人們往往考慮自己過多，而忘記了他人。應努力轉換自己的意識，試著考慮一下他人吧！想想看「怎麼做才能讓他人高興？」

「克服低潮最有效的方法，存在於讓他人高興的行動當中」，這麼說並不過分。尤其不能因為自己痛苦，就將這個痛苦傳給別人。這樣做，只會讓更多的痛苦回到自己身上。

正因為自己陷入痛苦，所以才要試著讓他人高興；正因為自己心中充滿苦澀，所以才要讓他人看到笑臉。

在試著讓他人喜悅的行動中，低潮一定會被漸漸克服。

15 客觀地分析自己，
努力在整體上
得到結果。

16 在解決困難的同時，
要不斷地開闢新路。

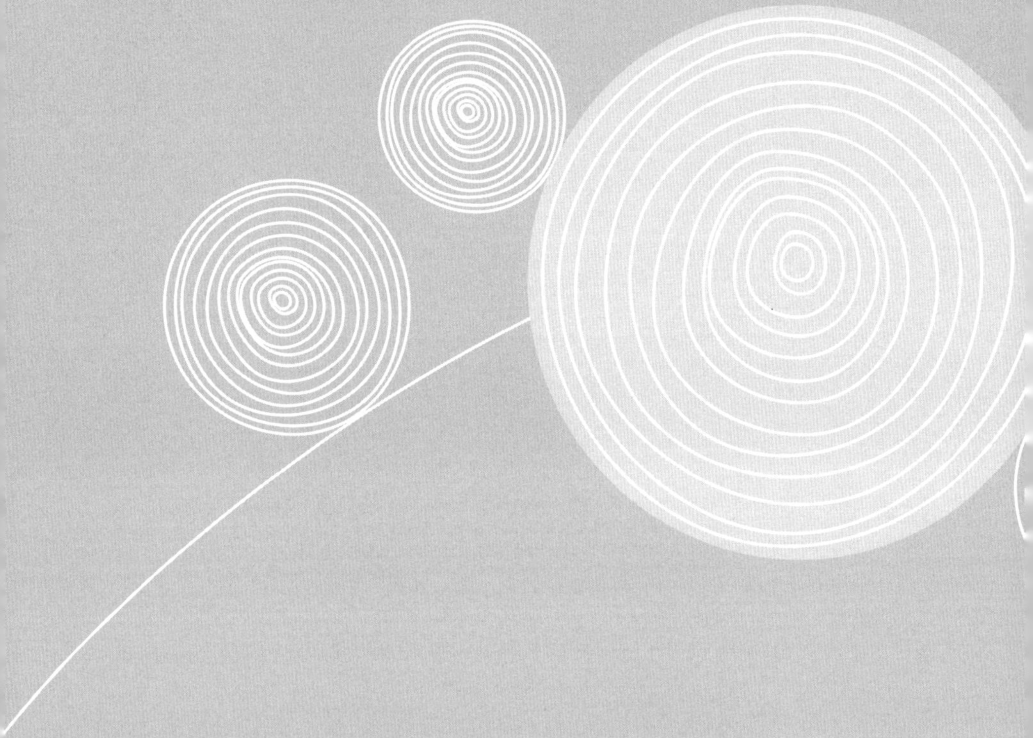

17 克服低潮最有效的方法，存在於讓他人高興的行動當中。

STEP 5

有影響力的人
須留意之事

18 如何成為更溫和的人？

世上住著六十幾億人。

在各個不同的國家中、各種不同的環境下，

有的人衣食豐足，有的人忍饑挨餓；

有的人知性優越，有的人知性拙劣；

有的人體力充沛，有的人體力衰弱；

有的人膚色白、膚色黑、膚色黃；

有的人受家庭照顧，有的人流離失所；

六十幾億人在各式各樣的環境下生活著。

如果，從佛的立場來看這個世界，

你想佛會怎麼看呢？

佛一定會這麼想：
「那也可以，這也可以。
請在各自的環境中，努力追求幸福。
請在被賜予的環境中，努力追求幸福。」

那是因為各位的人生，
並非只有今生一次。

就像那悠長的大河，
從某方流淌而來，
又流淌至某方一樣，
各位的靈魂，從悠久的過去開始就已存在，
並且無數次地在世間獲得生命。

有時，生於非洲；
有時，生於印度；
有時，生於中國；
還有時，生於日本；
各位的靈魂，曾轉生輪迴至各個地方。

也正因為這樣，在這幾近永恆的人生中，
才會結出眾多的成果。

從山上流入山谷的水，
有時會潛入落葉之下，但不久即匯成小河，
有時會變成急流，

有時會變成緩緩的河流，
一旦接近河口，
又形成似若海洋一般的廣大河川。
就像這樣，在永恆的轉生輪迴中，
各位亦會體驗各式各樣的經歷。
當各位認識到這個事實，
不管是對自己，還是對他人，
就必須要更加地寬容。
當知道了他人亦是活於各自的時間、
亦是在時間的大河之中進行靈魂修行時，
各位就不得不變得寬容。

而且，對自身也要溫和包容。

在長久的靈魂歷程中，
現在，自己正面臨瀑布、湍流的考驗，
這時請對自己說：
「辛苦了！
你現在或許很艱難，
但這是在長途旅程當中的一段過程，
不要著急。
不久，河川就會變成和緩的。
在此之前不要急躁，
對待一切都要保持寬容。」
——有一顆這樣的心很重要。

18 不管是自己或他人，都是在時間大河中進行靈魂修行。

19 無論如何都無法愛那個人的時候，該怎麼辦？

關於愛，基本上能否理解對方非常重要，「理解對方」幾乎就等同於是「愛對方」。

之所以不能愛對方，是因為無法理解對方之故。或許你會想：「為什麼就是無法愛這個人呢？」那是因為你不能理解此人的原因。如果能理解對方時，也就表示能愛對方。

夫妻之間也是如此，不愛對方的時候，就是無法理解對方的時候，大部分的情況都是如此。因為要是能理解對方就能愛對方，正是因為不能理解，就不能愛。

不管是先生或太太，各自都有各自的理由，然而卻由於無法理解對方的理由，自己無法釋懷，最終演變為吵架。這種事情常常發生。

若能理解對方，就能夠愛對方。

「對機說法」（注）的時候，道理也是相同，關鍵在於各位能對他人有多少的理解。如果自己只能和自己同類型的人溝通的話，那麼能夠談論佛法真理的範圍就會變窄。

為了擴展愛的器量，首先需要的是理解力，也就是理解他人的能力。

這一點，透過努力是能夠掌握的。透過累積經驗、增加知識，就能夠逐漸理解他人。

能夠理解對方，就能夠愛對方了。

此外，對於那「感受到自己被理解」的人，也會感覺到「自己被他人關愛著」。

（注）配合聽聞教法的人能力、素質，講述適切的教義。

20 男性尤其要注意的「識人之法」

很多男性無法正確地看待他人，是怎麼樣的不正確呢？那就是常常會有先入為主的看法。

其中，最多先入為主的看法就是：「眼前是敵人？還是朋友？」男性看到人，常常會以「是敵人還是朋友」的標準來分類。對於分為敵人一類的人，會以各種形式進行挑釁。相反地，對於分為同夥一類的人，就會透過打高爾夫或打麻將等活動，建立改善關係的俱樂部。

就像這樣，男性首先會判斷此人對己是有利或不利。

更甚者，對於自己看不慣的人或是和自己關係要好的人，也會區分得很清楚。之後便會想：「才不會將消息透漏給那個傢伙。」或者是跟上司打小報告：「他竟然做出這樣的事。」想方設法排擠此人。

男性最應該注意的，就是這種「敵我之分」的思考方式，錯誤的根源就在此。

男性一旦將人分成「敵人」或「對自己來說，是有害者」的話，就很難改變其分類了。然而，我想要說的是：「要進行這樣的分類，請再等一下，還太早做出結論。」

對方現在之所以會有這種言行，或採取那樣的立場，背後大多有其原因在。若對此不加以理解，就進行「敵我」分類的話，是會出問題的。

即使對方在工作上做出了不利於自己的行為，也有必要去探究一下「此人為何要這麼做呢？」

這樣的人，實際上可以說是自己的「老師」，通常此人反映了自己的心理狀態。

如果看到某人就認為「那傢伙不行，不會有出息」的話，過不了多久，對方也會表現出與此相應的態度。

然而，如果你認為「這個人也是有了不起的一面啊！」對方也會對你產生同樣的想法。

大部分的人並不具備在初次見面時，就能理解對方一切優點的認識力。

因此，對於看不見的部分，不能夠完全否定。

19 能夠理解對方，就能愛對方。

20「敵我之分」是錯誤的根源所在。

21 成功人士對於上司和部屬的人際處理方法

我想從「對於上司和部屬的人際關係處理」這一觀點出發，談談「如何在公司中取得成功」的方法論。

首先，我想說的就是：「要尊敬上司。」無法在公司成功的人，追根究柢，大多是因為沒有尊敬上司。

的確，做為上司的人也有某種缺陷，也會有缺點，也有許多你看不過去的地方吧！

然而，此人亦有其他的優點。此人之所以成為自己的上司，那就說明他的上司判定了此人是有能力之人。

因此，如果你認為上司完全無能、毫無可取之處、充滿缺陷的話，那麼你在這間公司或者這個組織之中，一定不會成功。

將上司的優點與缺點相比，如果你不能看到「優點遠遠多於缺點」的話，那麼你的成功機會將會非常渺茫。

此外，除了「尊敬上司」，如果不「關愛部屬」的話，也是無法成功的。

那麼，所謂的「關愛部屬」又是指什麼？那就是「發揮此人的優點」，以及「糾正此人做不好的地方」。

雖說部屬有時是機緣巧合而相聚一起，但做為上司要想辦法提拔自己的部屬成為一個更優秀的人，將來能夠獨當一面，甚至晉升到更高的職位。

在這個時候，最需要注意的就是「不能嫉妒部屬的才能」。

有的人看到優秀的部屬，往往會對其產生嫉妒，還有人更不懷好意：「要想辦法扯他後腿、挑些毛病。」

若是上司抱持著這樣的心態，當然部屬就沒有出頭之日了。但是給予部屬如此評判的你，無疑地也不會再往上爬了。

地位越來越高的人，對於他人都能「惜才」。他們會珍惜那些有著自己所沒有的才能的人，愛惜那些有著自己所缺乏之優秀一面的人，並且懷有著助其發展的胸襟。

所謂「關愛部屬」之心，實際上意味著你有著想要提拔那個和自己個性不同的部屬的胸襟。

各位必須要自豪於，自己的部屬當中有著比自己優秀的人。

唯有達到這樣的心境，才能說此人還可以晉升到更高的地位。

22 「溫和」與「軟弱」的區別

「男性必須成為家庭當中的模範」，這一點不言而喻。

若是僅在外面很出色，但在家裡卻不優秀的男性，就不值得尊敬了。如果在外面的工作，是犧牲家庭所換取，那麼就很難說此人所做的工作是令人欽佩的了。

正因為是一個堅強的男性，溫和才得以展現。如果不堅強，就難以成為一個真正溫柔的男性。

這種堅強的背後隱藏著責任感，並且展現了「在這世間，要充分燃燒自己的生命」的企圖心。切勿忘記，唯有先擁有這份堅強的企圖心，所展現出來的溫和才是真正的溫和。

所謂的要男性變得溫和，並非是要男性女性化，完全不是這麼一回事。

並且，真正溫柔的女性，亦是有勇氣的女性。

不管丈夫遇到何種困難和苦難，能夠提供支持和鼓勵，並幫助其完成偉業的，就是妻子的力量，此時所需要的就是勇氣。

唯有有勇氣的女性，才是溫柔的。

所謂的溫和，並不是「懦弱」、「軟弱」。所謂的溫和，反而會使人更堅強，切勿忘記這個道理。

23 為了不被看作「不成熟的人」

「忘不了自己給了他人多少，卻忘了他人給了自己多少。」人生不幸的根源就在於此。「我明明做了這麼多，可對方卻沒有一點回報。」這種想法是不幸的原點。

各位必須要察覺到，在這種「我已經做了這麼多」的心情中，存在著一種人格的不成熟。當你在給予時，重要的是要有著「不要求回報」的心境。

特別是在心思上更是如此，請各位認識到：「溫柔待人、關懷他人」是一條單行道。如果愛有了回報，那應該就要有「自己賺到了」的心情。

世間有太多人不知感恩了，但請不要忘記，在這些不知感恩的人當中，自己也列於其中。

即使某人認為：「我是靠自己的力量闖過來的。」但實際上，途中一定蒙受過各式各樣的人的恩惠。此人一定是忘記了自己曾蒙受過的恩惠，忘記了父母、老師、朋友、公司以及同事間的溫暖之愛。

因而，開口閉口都是說：「別人沒有為我做過一點事情！明明自己做了那麼多，卻落得恩將仇報……」等等。

越是記得自己為他人做過什麼的人，就越容易忘記自己從他人哪裡得到了什麼。

重要的是應該為他人做了什麼之後，做了就忘。反之，得到別人幫助的事情要常記於心並心存感激，這是做人基本的態度。

這種「給和拿」（Give and Take）的思考方式的問題點，出自於「壓倒性善念」的不足。

而那也顯現出，你的幸福感微弱到很容易因他人的評價而左右。或者是，唯有對方回報給你善意或幸福，你才能感到滿足。

然而，如果你能夠讓自己洋溢善意、幸福，用這份幸福感受，即能沖走一切。

為什麼不展現無限的善意、無限的幸福呢？為什麼不能像噴泉那樣，湧現出無限的能量呢？

看看那大自然吧！泉水不斷湧出，山中泉水無處不在，然而，泉水要了任何一毛錢嗎？

此外，高掛天空的太陽曾說過：「想要人們的回報嗎？」曾要過一毛錢嗎？電力公司不會免費供電給我們，可是太陽卻是免費地給予我們熱和能量。

要活在世間的人「變得像太陽一樣」，或許會太勉強，但卻不可不知，這樣的事在大自然中是隨處可見。

當然，那亦是佛心。

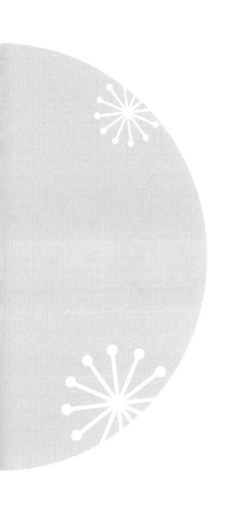

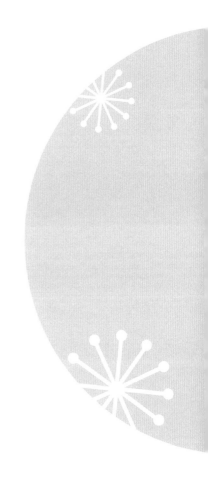

21 無法成功的人，是因不尊敬上司。嫉妒優秀部屬的人，將不會再晉升。

22 溫和的背後是堅強。

23 為他人做了什麼之後，做了就忘。

STEP 6

前進的勇氣

24 如何活得清爽

怎麼樣才能說活得清爽呢？我來列舉其條件。

第一個條件——乾脆

首先列舉的條件是：「乾脆」。

在現代社會，很少看到乾脆的人了。動不動就辯解或找藉口，又不自我反省，這些就是現代人的特徵。

因此，當覺得自己老是想找藉口、老是想辯解的時候，請想一想「乾脆」這個詞。

人難免失敗，但失敗的時候，乾脆地承認失敗，亦是讓靈魂進步的方法。若不乾脆地承認失敗，就很難邁出下一步。

第二個條件——不求回報的態度

接下來列舉的條件是：「分享給更多的人，並且不求回報。」

這樣的人雖然很少，百人中難有一個，但若仔細尋找，還是有這種人的。

然而，下定決心要成為這樣的人，即是出發點。

「早晨一聲『早！』，在人們的胸前插上一朵花兒，一下子走過人群。」各位要以成為這般心境為目標。

如果能一直如此提醒自己，你的性格終會變得像如此清風一般，請務必試著努力看看。

第三個條件❶——領悟生命是有限的

第三個列舉的條件是：「領悟到自己的生命，在某種意義上是有限的，而在另一種意義上亦是無限的。」

上述說明有點像禪宗問答一般，但所謂「生命是有限的」，即是指：「現在活著的人，快一點幾年內，慢一點幾十年後，都要離開人世。」

現在活著的人，幾乎活不到百年之後。家人、親戚、鄰居等等，一個不剩，皆會死去。

一想到「大家都會死」，看上去周圍的人們好像都很可憐。

自己也是一樣，幾年或者幾十年後也要死去，不得不離開這個人世。

但「幸福科學」可以保證死後確有來世。

既然終究必須要離開人世，想要「留給世人感到清爽的感受」的想法，不是理所當然的嗎？

第三個條件❷——領悟生命是無限的

另一方面，所謂「生命是無限的」，即是指：「人生可以無限次重新來過。」這是一種非常偉大的愛。

死後墮入地獄是件痛苦、恐怖的事，但是令人感謝的是：「即使墮入地獄，靈魂也不會被消滅。」

而且，在地獄當中修行幾百年的話，還能返回天國。之後，還可以再次轉生到人間。

如果誤認為人生只有一次，完全無法挽回的話，也許就要過著慌亂，慘淡的生活。

然而，事實上有一次、兩次、三次等等無數次，可以重新再來的機會。

在宗教上，雖然有人把轉生輪迴視為痛苦，但是若能夠想：「明明人生是如此的失敗，但靈魂能夠繼續存活也沒有因為這樣而被消滅，真是很感恩。」如此達觀的想法也很重要。

如果持有這樣的心態，人生必定是過得很清爽。

25

無條件前進的勇氣

請各位試著想像一下。

在各位面前的人，如果是一位積極向上、充滿建設性、有著希望的人，假設此人以前曾經歷過疾病、失業、學業失敗、事業失敗等等，有多少人會在乎他那些事情呢？

正是看似活在過去陰影之中，人們才會說此人是一個「不幸的人」。

若能甩掉那些過去的陰影，從現在開始積極向上，充滿建設性、希望，幹勁十足地去生活的話，那麼此人不就是個「幸福的人」嗎？

早晨一覺醒來，「真是睡了一個好覺！今天一天也要加油！我一點都不害怕自己已經上了年紀，我要工作到我闔上眼睛前！我要為社會做更多的貢獻！我要讓周遭的人獲得幸福！」要是擁有這種想法的人遍佈世界的話，結果會怎樣？

不，至少你一個人能夠有這種想法，就可以說：「世上又少了一個不幸的人！」這一點完全是可以實現的。

只要抱持著開朗幸福的思考方式，光明幸福的人生就必然會在你面前展開。

為了活出光明幸福的人生，不可以自己任意加上附帶條件。「若具備了這個條件，自己就能幸福」，不可以自己擅自加上這種條件。

「如果自己有一千萬，就能幸福」、「如果能在一個大公司上班，就能幸福」、「如果能和這樣子的人結婚，就能幸福」、「如果能從名校畢業，就能幸福」等等，要知道這種有附加條件的心態，不是一種很堂堂正正的心。

反而沒有被這樣的條件束縛，並且下定決心、開拓光明人生的面前，精彩的人生也定會逐步展開。

「懷著勇氣，開拓森林」，必須要有這樣的決心。唯有這樣的人，美好的世界才會在眼前展開。

絕對不可以附加條件，「只要自己有這樣的條件」、「只要有這個」，從今天開始，對這樣的想法說再見吧！

從今天開始，不要再認為自己欠缺了什麼才會不幸吧！不要再找藉口，不要再抱怨吧！

因為抱怨而變好的人，至今未曾有過。因為抱怨而變幸福的人，迄今還沒發現過。

一發牢騷，不僅在自己的心中會累積毒素，而且聽到抱怨的人，心情也會變得沉重起來。抱怨等同於毒素。一層、兩層、三層，層層相加，使自己和他人痛苦不堪。

因此，不要抱怨。

但是，僅僅不抱怨還是不夠，還要在心中播下開朗、建設性的種子。這麼一來，就能夠綻放出美麗的花朵。

24 領悟生命的有限與無限。

25 因為抱怨而變好的人，至今未曾有過。

STEP 7

改變自己而發光的人
與隨波逐流的人

26

要時常發出肯定的景象

不管是釋尊、蘇格拉底、馬可．奧勒留，
還是近代的愛默生等哲人，
或者是心理學家威廉．詹姆士，
都曾異口同聲地說：

「人，將會成為自己所想像的人。

你每天都在想些什麼呢？

你反覆考慮、所思所想的事情，

就是你自己。

服裝或外表和你無關，

即使看了履歷，也不會知道你是何人。

人，將會成為此人自己所想像的人。」

這一點，若到了靈界，真是如此。

靈界只存在「想法」。

靈界的「存在」，就是想法本身。

在靈界，人將會變成和思考內容完全一樣的人。

這種思考，在世間當中，

將會隨著時間經過而實現。
換言之，「你」這個人，
即是和你自我評價、自我思考完全相同的人。
認為「自己是牽牛花」的種子，
就會開出牽牛花的花朵。
認為「自己是西瓜」的種子，
就會結出西瓜的果實。
未來是肯定還是否定，樂觀還是悲觀，
幸福還是不幸，
取決於你「心中的種子」。
如果想讓未來變得幸福，

就必須在心中播下肯定的種子，並加以培育。
為了培育這個種子，就必須經常反覆思考。

眼看就要輸給悲觀的想法時，
就必須自己發電，
發出足以抵制那悲觀想法的肯定意念。
那是需要付出氣力和努力的。
做好今天能做的事情，
並且思索明天的希望。

當快要被負面想法所支配時，
就要拿出與此相抗爭的正面想法，
並堅持到底。

人的心中，
不能同時想著兩件互相矛盾的事情。
不可能一邊笑著，一邊說悲傷的話，
也不可能一副悲傷的表情，流著眼淚，
還能講開心的話。

因此，心中到底是被什麼給占據，
就顯得尤為重要。

對自己抱持著肯定的態度，
「自己將會有更大的發展、成功，
為世間做出貢獻、獲得幸福，
周遭的人也因此獲得幸福。」
這樣的景象要時常好好地描繪。
即便眼看就要輸給否定的意念，
也要鼓起勇氣，

再度重新釋放出肯定的意念。

若能在世間做到這一點，
在靈界亦能做到。
這可以說是人生的勝利。

希望各位能學習到：
「想法會產生非常強大的力量。」

26 想法會產生
非常強大的力量。

後記

本書以簡潔的話語，闡述了人生的成功論，亦是一本讓世界上的人們，能夠活出幸福的人生基本教科書。

貧苦的人、生病的人、因人際關係的鬥爭而受傷的人、陷入不安或苦惱的人，希望所有的人皆能讀這一本書。

這是一本超越一宗一派的現代版聖經、佛典，亦是人生學、人生道。

我深切地期盼，能夠將這個教義傳遞給億萬之人。

祈求每一個人皆能發揮各自的個性，臉上掛著美麗笑容，以清爽的態度開拓光明的未來。

二〇〇八年　四月

幸福科學集團創立者兼總裁　大川隆法

HAPPY SCIENCE

幸福科學集團介紹

幸福科學透過宗教、教育、政治、出版等活動，以實現地球烏托邦為目標。

幸福科學

一九八六年立宗。信仰的對象為地球靈團至高神「愛爾康大靈」。幸福科學信徒廣布於全世界一百多個國家，為實現「拯救全人類」之尊貴使命，實踐著「愛」、「覺悟」、「建設烏托邦」之教義，奮力傳道。

愛

幸福科學所稱之「愛」是指「施愛」。這與佛教的慈悲、佈施的精神相同。信眾透過傳遞佛法真理，為了讓更多的人們能度過幸福人生，努力推動著各種傳道活動。

覺悟

所謂「覺悟」，即是知道自己是佛子。藉由學習佛法真理、精神統一、磨練己心，在獲得智慧解決煩惱的同時，以達到天使、菩薩的境界為目標，齊備能拯救更多人們的力量。

建設烏托邦

我們人類帶著於世間建設理想世界之尊貴使命，而轉生於世間。為了止惡揚善，信眾積極參與著各種弘法活動。

入會介紹

在幸福科學當中，以大川隆法總裁所述說之佛法真理為基礎，學習並實踐著「如何才能變得幸福、如何才能讓他人幸福」。

入會

想試著學習佛法真理的朋友

若是相信並想要學習大川隆法總裁的教義之人，皆可成為幸福科學的會員。入會者可領受《入會版「正心法語」》。

三皈依誓願

想要加深信仰的朋友

想要做為佛弟子加深信仰之人，可在幸福科學各地支部接受皈依佛、法、僧三寶之「三皈依誓願儀式」。三皈依誓願者可領受《佛說・正心法語》、《祈願文①》、《祈願文②》、《向愛爾康大靈的祈禱》。

幸福科學於各地支部、據點每週皆舉行各種法話學習會、佛法真理講座、經典讀書會等活動，歡迎各地朋友前來參加，亦歡迎前來心靈諮詢。

台北支部精舍
台北市松山區敦化北路 155 巷 89 號

幸福科學台灣代表處
台北市松山區敦化北路 155 巷 89 號
02-2719-9377
taiwan@happy-science.org
FB：幸福科學台灣

幸福科學馬來西亞代表處
No 22A, Block 2, Jalil Link Jalan Jalil Jaya 2, Bukit Jalil 57000, Kuala Lumpur, Malaysia
+60-3-8998-7877
malaysia@happy-science.org
FB：Happy Science Malaysia

幸福科學新加坡代表處
477 Sims Avenue, #01-01, Singapore 387549
+65-6837-0777
singapore@happy-science.org
FB：Happy Science Singapore

I'm Fine! 清爽活出真實自己的七個步驟

アイム・ファイン 自分らしくさわやかに生きる7つのステップ

作　　者／大川隆法
翻　　譯／幸福科學經典翻譯小組
封面設計／Lee
內文設計／顏麟驊

出版發行／台灣幸福科學出版有限公司
104-029 台北市中山區中山北路三段 49 號 7 樓之 4
電話／02-2586-3390　傳真／02-2595-4250
信箱／info@irhpress.tw
法律顧問／第一法律事務所　余淑杏律師

總 經 銷／旭昇圖書有限公司
235-026 新北市中和區中山路二段 352 號 2 樓
電話／02-2245-1480　傳真／02-2245-1479

幸福科學華語圈各國聯絡處／
台灣　taiwan@happy-science.org
地址：台北市松山區敦化北路 155 巷 89 號（台灣代表處）
電話：02-2719-9377
官網：http://www.happysciencetw.org/zh-han
香　港　hongkong@happy-science.org
新 加 坡　singapore@happy-science.org
馬來西亞　malaysia@happy-science.org
泰　國　bangkok@happy-science.org
澳大利亞　sydney@happy-science.org

書號／978-626-95395-4-3
初版／2021 年 12 月
定價／380 元

國家圖書館出版品預行編目（CIP）資料

I'm Fine!：清爽活出真實自己的七個步驟／大川隆法作；幸福科學經典翻譯小組翻譯. -- 初版. -- 臺北市：台灣幸福科學出版有限公司，2021.12
192 面；14.8×21公分
譯自：アイム·ファイン：自分らしくさわやかに生きる7つのステップ
ISBN 978-626-95395-4-3（平裝）
1. 自我肯定　2. 靈修
177.2　　110019743

廣 告 回 信	
台北郵局登記證	
台北廣字第5433號	
平 信	

IRH Press Taiwan Co., Ltd.

台灣幸福科學出版有限公司

104-029 台北市中山區中山北路三段49號7樓之4

台灣幸福科學出版 編輯部 收

請沿此線撕下對折後寄回或傳真，謝謝您寶貴的意見！

I'm Fine!

清爽活出真實自己的七個步驟

大川隆法

Ryuho Okawa

台灣幸福科學出版有限公司

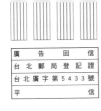

I'm Fine!

讀者專用回函

非常感謝您購買《I'm Fine!》一書，
敬請回答下列問題，我們將不定期舉辦抽獎，
中獎者將致贈本公司出版的書籍刊物等禮物！

讀者個人資料　　**※本個資僅供公司內部讀者資料建檔使用，敬請放心。**

1. 姓名：　　　　　　　　性別：□男　□女
2. 出生年月日：西元　　　　年　　　　月　　　　日
3. 聯絡電話：
4. 電子信箱：
5. 通訊地址：□□□-□□
6. 學歷：□國小 □國中 □高中／職 □五專 □二／四技 □大學 □研究所 □其他
7. 職業：□學生 □軍 □公 □教 □工 □商 □自由業□資訊 □服務 □傳播 □出版 □金融 □其他
8. 您所購書的地點及店名：
9. 是否願意收到新書資訊：□願意　□不願意

購書資訊：

1. 您從何處得知本書的訊息：（可複選）□網路書店　□逛書局時看到新書　□雜誌介紹
   □廣告宣傳　□親友推薦　□幸福科學的其他出版品　□其他
2. 購買本書的原因：（可複選）□喜歡本書的主題　□喜歡封面及簡介　□廣告宣傳
   □親友推薦　□是作者的忠實讀者　□其他
3. 本書售價：□很貴　□合理　□便宜　□其他
4. 本書內容：□豐富　□普通　□還需加強　□其他
5. 對本書的建議及觀後感
6. 您對本公司的期望、建議…等等，都請寫下來。

IRH Press Taiwan Co., Ltd.
台灣幸福科學出版有限公司